Jeanne-Marie Leprince de Beaumont

La Belle et la Bête

Adaptation et activités par **Stéphanie Paquet**

Illustrations de **Giovanni Manna**

Rédaction : Maréva Bernède, Jimmy Bertini
Conception graphique : Nadia Maestri
Mise en page : Simona Corniola
Recherches iconographiques : Laura Lagomarsino

Première édition : février 2007

Crédits photographiques :
CRT-Centre / C. Lazi : page 23 ; CRT-Centre / P. Duriez : page 24 ;
Victoria and Albert Museum, London / Bridgeman Art Library :
page. 51; Collection privée / Bridgeman Art Library : page 52 :
FILMS ANDRE PAULVE / Album : page 69 ; WALT DISNEY
PRODUCTIONS / Album : page 70.

Vous trouverez sur les sites www.cideb.it et www.blackcat-cideb.com
(espace étudiants et enseignants) les liens et adresses Internet utiles
pour compléter les dossiers et les projets abordés dans le livre.

Pour toute suggestion ou information, la rédaction peut être
contactée à l'adresse suivante :

www.cideb.it

ISBN 978-88-530-0595-3 livre + CD

Imprimé en Italie par Litoprint, Gênes

Sommaire

Le texte est intégralement enregistré.

 Ce symbole indique les exercices d'écoute et le numéro de la piste.

 Les exercices qui présentent cette mention préparent aux compétences requises pour l'examen.

Jeanne-Marie Leprince de Beaumont

Née à Rouen le 26 avril 1711, Jeanne-Marie Leprince de Beaumont exerce au cours de sa vie différents métiers : dame de compagnie, professeur de musique et préceptrice à Lunéville, à la cour de Lorraine. En 1750, elle part à Londres où elle travaille comme gouvernante. Là, elle rencontre Thomas Pichon avec qui elle aura six enfants.

Excellente pédagogue, elle utilise son expérience auprès des enfants pour écrire plusieurs traités d'éducation, comme l'*Éducation complète* ou *Abrégé de l'histoire universelle* (1762). Mais elle est surtout connue pour *La Belle et la Bête*, un conte extrait du recueil *Le Magasin des enfants* (1758). Dans ce livre, d'autres récits évoquent de façon métaphorique les valeurs que Jeanne-Marie Leprince de Beaumont souhaite transmettre aux enfants. Simple et moralisateur, son style est parfaitement adapté aux jeunes lecteurs.

Elle meurt le 8 septembre 1780. Elle a transmis son goût pour l'écriture à ses descendants, puisqu'elle est l'arrière-grand-mère de Prosper Mérimée, un célèbre écrivain français.

Personnages

La Belle

La Bête

Le père

Les sœurs

Vocabulaire

1 Trouvez le mot caché grâce au rébus et à la définition.

1 Pour mon premier, les
   voitures en ont quatre.
   Mon deuxième est le
   pronom réfléchi de la
   3ᵉ personne du singulier.
   Mon tout est une couleur de
   cheveux.
   R _ _ _ _ E

2 Mon premier est le contraire
   de *faible*.
   Mon deuxième est le sujet de
   parles.
   Mon troisième est la première
   partie de la négation.
   Les gens très riches possèdent
   mon tout.
   La F _ _ _ _ _ E

3 Mon premier est une
   céréale.
   Mon deuxième est le
   contraire de *mort*.
   Mon troisième est la 18ᵉ
   lettre de l'alphabet.
   Mon tout est un cours d'eau.
   Une R _ _ _ _ _ E

4 Mon premier est un métal.
   Mon deuxième est le pronom
   réfléchi de la 1ᵉʳᵉ personne du
   singulier.
   Mon tout est une habitation à
   la campagne.
   Une F _ _ _ E

CHAPITRE 1

La ruine, l'exil

ans une grande ville près de la mer, un homme très riche s'occupe seul de ses six enfants : trois garçons et trois filles. Ses filles sont très intelligentes et très belles, surtout la dernière que l'on appelle depuis son enfance : « la Belle enfant ».

Les deux sœurs aînées [1], Rosemonde et Hortense, ont de longs cheveux châtain clair et des yeux noisette. Mais elles sont aussi jalouses, arrogantes, paresseuses [2] et très capricieuses. Elles ne pensent qu'à s'amuser et vont au bal ou au théâtre tous les soirs. Elles rêvent uniquement de se marier avec un jeune homme très beau et très riche. Leur sœur cadette [3], la Belle, est encore plus belle que ses sœurs : ses cheveux bouclés sont roux et sa peau est très blanche. Gentille et agréable avec tout le monde, elle est

1. **Aîné** : le premier-né dans une famille.
2. **Paresseux** : qui n'aime pas travailler.
3. **Cadet** : le dernier-né, l'enfant le plus jeune.

La Belle et la Bête

aussi studieuse, et elle aime rester à la maison pour lire, jouer du piano ou encore tenir compagnie à son cher papa.

Le père de la Belle vend des pierres précieuses. Un jour, malheureusement, il perd toute sa fortune car aucun de ses bateaux n'est rentré au port. Toute la famille doit déménager et aller vivre dans une ferme à la campagne. Le père dit alors à ses enfants :

— Mes chers enfants, je suis ruiné [1]. Nous devons abandonner nos luxueuses habitudes et quitter la ville. Mais si nous travaillons beaucoup, si nous nous contentons de peu, nous pourrons vivre dignement.

Les deux aînées, à l'idée de travailler, refusent d'abord de partir. Mais maintenant qu'elles sont pauvres, plus personne ne veut les épouser. Finalement, elles acceptent de quitter la ville. Leurs voisins disent :

— Ah, ces deux-là ! Nous n'allons pas les regretter, elles sont trop orgueilleuses. Maintenant, elles vont devoir travailler et aider leur père ! Mais nous sommes très tristes pour la Belle car c'est une jeune fille douce et honnête.

Malgré la perte de sa fortune, la Belle a encore de nombreux prétendants, mais elle ne veut pas abandonner son père dans cette situation. Elle a beaucoup de chagrin, mais elle se dit :

— Pleurer ne sert à rien. Nous n'allons pas récupérer notre richesse en nous lamentant. Il faut essayer d'être heureuse même sans argent.

Ainsi, toute la famille quitte la ville pour s'installer dans une ferme à la campagne. La Belle se lève à 4 heures du matin pour

---

1. **Ruiné** : qui a perdu tout son argent.

nettoyer la maison, préparer à manger et laver les vêtements de
ses frères et sœurs dans l'eau de la rivière. Les trois fils
s'occupent des travaux des champs.

   Les deux sœurs, au contraire, ne font absolument rien. Elles
dorment jusqu'à 10 heures du matin puis se promènent un peu.
Elles s'ennuient et passent leur temps à regretter leur vie d'avant

et leurs beaux vêtements. Elles se disent :

— Mais regarde notre pauvre cadette ! C'est incroyable ! Elle semble contente de sa situation !

Le père, lui, admire sa plus jeune fille car elle est courageuse et patiente malgré leur malheur. La Belle ne reproche jamais rien à ses deux sœurs, mais elle souffre en silence de leur méchanceté.

Compréhension écrite et orale

DELF **1** Écoutez l'enregistrement du chapitre, puis cochez la bonne réponse.

1 Le père a...
   a ☐ quatre garçons et deux filles.
   b ☐ trois garçons et trois filles.

2 La Belle aime...
   a ☐ lire de bons livres.
   b ☐ aller au théâtre.

3 La famille de la Belle doit partir à la campagne...
   a ☐ pour les vacances.
   b ☐ pour travailler.

4 Dans la maison de campagne, la Belle...
   a ☐ travaille comme une servante.
   b ☐ s'ennuie.

5 Les deux sœurs aînées...
   a ☐ aident la Belle à nettoyer la maison.
   b ☐ se promènent toute la journée.

Enrichissez votre vocabulaire

1 Associez chaque pierre précieuse à sa photo.

1 ☐ 2 ☐ 3 ☐ 4 ☐

De quelle couleur est...

a l'émeraude ? ....
b le rubis ? ....

c le saphir ? ....
d le diamant ? ....

Grammaire

Les verbes pronominaux

Les verbes pronominaux se conjuguent comme les autres verbes, il faut seulement ajouter les pronoms personnels réfléchis *me, te, se, nous, vous, se* selon la personne.

Attention ! Les pronoms *me, te* et *se* s'élident devant un verbe qui commence par un voyelle : *La Belle **s**'occupe de tout.*

Je **me** prépare	Nous **nous** préparons
Tu **te** prépares	Vous **vous** préparez
Il/Elle **se** prépare	Ils/Elles **se** préparent

1 Relevez les verbes pronominaux du chapitre.

....

2 Comment se déroule votre journée ? Répondez aux questions et conjuguez correctement les verbes entre parenthèses.

1 Le matin, je (*se réveiller*) .... entre
    a ☐ 7 heures et 7h30.
    b ☐ 6h30 et 7 heures.

2 Je (*se lever*) ....
    a ☐ de suite.
    b ☐ après 10 minutes.

3 Je commence par (*se laver*) .... : je prends
    a ☐ un bain.
    b ☐ une douche.

4 Puis, je (*s'habiller*) ....
    a ☐ rapidement car je prépare mes habits la veille.
    b ☐ lentement car je mets beaucoup de temps à choisir.

5 Je (*se dépêcher*) .... car
    a ☐ je suis souvent en retard.
    b ☐ mon bus est toujours à l'heure, je ne peux pas le manquer.

6 L'après-midi, je vois mes amis et nous
    a ☐ (*se promener*) .... ensemble.
    b ☐ (*se raconter*) .... des histoires.

13

7 Le soir, je vais (*se coucher*) ....

    a ☐ vers 21h30.

    b ☐ après avoir vu un film.

Production écrite et orale

DELF ① Présentez-vous et décrivez votre famille en quelques phrases. Quel est votre nom ? Quel âge avez-vous ? Avez-vous des frères et sœurs ? Comment s'appellent-ils ? Que font vos parents ?

Vocabulaire

① Associez chaque définition à la photo correspondante. Attention, il y a un intrus !

1 Vêtement porté par les femmes en été.

2 Endroit où dorment et mangent les chevaux.

3 On y brûle du bois pour faire du feu.

A ☐   B ☐

C ☐   D ☐

CHAPITRE 2

Une rose pour la Belle

n an après leur arrivée à la campagne, le  père reçoit une lettre : un de ses bateaux est finalement rentré au port. Il doit donc partir pour la ville. Cette bonne nouvelle réjouit [1] toute la famille. Hortense et Rosemonde espèrent enfin quitter cette campagne et vivre comme avant. Au moment du départ de leur père, elles lui demandent de rapporter des cadeaux : des robes, des chapeaux, des parfums... La Belle, elle, ne dit rien. Son père l'interroge :

— Et toi, Belle ? Tu ne désires rien ?

La Belle ne veut pas que son père dépense son argent. Elle répond alors :

— Il n'y a pas de roses ici. Peux-tu m'en rapporter une ?

Une fois arrivé au port, le père s'aperçoit malheureusement que le bateau est vide : on lui a tout volé ! Il repart alors aussi pauvre qu'avant.

---

1. **Réjouir** : rendre très heureux.

Sur le chemin du retour, il pense à ses enfants et à leur déception. Après quelques heures de voyage à cheval, il traverse un grand bois. Il neige et le vent est très froid. Il tourne pendant des heures dans cette forêt mais il ne reconnaît plus sa route. La neige recouvre les empreintes de son cheval, il n'arrive plus à s'orienter. Où doit-il aller ? Il est complètement perdu. Au loin, il entend des loups hurler... Il est terrorisé !

Soudain, il voit une lumière au bout d'un long chemin. Il descend de cheval et décide d'aller dans cette direction. Après quelques minutes de marche, il découvre un immense château. Dans la cour recouverte de neige règne un grand silence. Affamé, son cheval se dirige vers l'écurie pour manger. Le père frappe à la porte du château, mais personne ne répond. Que faire ? Finalement, il décide d'entrer. Il pousse la porte et se retrouve

La Belle et la Bête

dans une grande salle. Dans cette pièce, il y a une table recouverte de nourriture et une énorme cheminée allumée.

Comme il a froid, il va se réchauffer près du feu. Il s'installe sur une chaise et attend... mais personne ne vient. Alors, affamé, il s'approche de la table et commence à manger.

Ensuite, fatigué, il va dans une des chambres du château et s'endort dans un lit chaud et confortable.

Le lendemain matin, quand il se réveille, il trouve des vêtements neufs sur une chaise.

« Comme c'est étrange ! Ce château appartient sans doute à une bonne fée[1] qui a pitié de moi », pense-t-il.

Il regarde par la fenêtre et... Quelle surprise ! La neige a disparu ! Et le jardin est plein de fleurs !

Il s'habille, impatient de connaître le propriétaire de ce merveilleux château.

Il descend les escaliers et va dans la salle où il a mangé la veille. Sur la grande table se trouvent des biscuits, du chocolat et du lait.

« Je vous remercie, bonne fée, d'avoir pensé à mon petit-déjeuner », dit le père en s'installant à table.

Après avoir bien mangé, il décide de repartir. Il va récupérer son cheval et traverse le jardin rempli de fleurs. Il se rappelle alors du souhait de la Belle, et cueille une rose. À ce moment-là, il entend un bruit terrifiant. Il se retourne brusquement et voit s'approcher de lui une bête monstrueuse.

---

1. **fée** : être imaginaire avec l'aspect d'une femme et avec des pouvoirs surnaturels.

Compréhension écrite et orale

DELF **1** Écoutez l'enregistrement du chapitre et dites si les affirmations suivantes sont vraies (V) ou fausses (F).

		V	F
1	La Belle ne veut pas de robes et de chapeaux.	☐	☐
2	Le père de la Belle a récupéré beaucoup d'argent.	☐	☐
3	Dans le château, il y a une fête avec un grand buffet.	☐	☐
4	Le château appartient à la Bête.	☐	☐
5	Le père dort au château.	☐	☐
6	Le lendemain, il n'y a plus de neige.	☐	☐

2 Complétez le résumé du chapitre.

> se perd château chambre chocolat peur nourriture
> rose Bête forêt cheval peur écurie cheminée père

Malheureusement, le (**1**) .... ne peut pas récupérer sa marchandise. Il repart chez lui mais il (**2**) .... dans une immense (**3**) .... Il neige et il a (**4**) .... Il décide alors de s'arrêter dans un grand (**5**) .... À l'intérieur, il n'y a personne mais il y a une grande (**6**) .... pour se réchauffer et de la (**7**) .... à manger. Le père dort dans une belle (**8**) .... Le lendemain, il trouve du (**9**) .... sur la table. En allant chercher son (**10**) .... dans l'(**11**) ...., il cueille une (**12**) .... À ce moment là, une (**13**) .... horrible arrive et lui fait (**14**) ....

Enrichissez votre **vocabulaire**

1 Les pièces de la maison. Associez chaque mot à sa définition.

> chambre château cuisine jardin cheminée
> salle de bains écurie fenêtre lit table

1 Pièce où l'on dort : ....
2 Synonyme de *palais* : ....
3 Pièce où l'on prépare à manger : ....

4   Les fleurs y poussent : ....

5   Pour se réchauffer ou cuisiner : ....

6   Pièce où l'on se lave : ....

7   Endroit où dorment les chevaux : ....

8   On l'ouvre pour aérer une pièce : ....

9   On peut y faire de beaux rêves : ....

10 On y pose son assiette : ....

Grammaire

Les locutions verbales avec le verbe *avoir*

Les locutions verbales avec le verbe **avoir** se composent du verbe **avoir** et d'un nom parfois suivi d'une préposition.

J'ai faim. J'ai peur de...

1 Complétez les phrases avec les expressions suivantes.

> avoir sommeil   avoir faim   avoir soif   avoir besoin de
> avoir peur de   avoir l'habitude de   avoir froid

1   Je suis fatigué, je ....

2   Il n'aime pas les animaux, il .... chiens.

3   Elle n'a pas encore mangé, elle ....

4   Tous les matins, ils .... boire du café avec un peu de lait.

5   À la fin de la course, les cyclistes .... : ils boivent beaucoup d'eau.

6   Nous avons oublié notre manteau, nous ....

7   Pour ouvrir la porte, vous .... la clé !

Production écrite et orale

DELF **1** Avez-vous un animal à la maison ? Racontez comment il est, comment il s'appelle...

Les châteaux de la Loire

Entre le XIVe et le XVIIIe siècle, certains rois et nobles français ont fait construire de magnifiques châteaux le long d'un fleuve devenu désormais très célèbre : la Loire.

La région qui abrite ces châteaux s'appelle le Val de Loire et s'étend plus ou moins sur 200 kilomètres, entre Orléans et Angers. Surnommée « la vallée des rois », elle est classée au patrimoine mondial de l'humanité par l'Unesco. À l'époque de la Renaissance, le pouvoir royal se concentrait dans cette partie de la France.

Les châteaux les plus célèbres et les plus intéressants sont ceux d'Amboise, de Chambord, de Cheverny, de Chenonceau, d'Azay-le-Rideau et du Clos-Lucé.

Amboise

Ses fortifications datent du XIIIe siècle, mais c'est Charles VIII, fils de Louis XI, qui accomplit au XVe siècle les changements les plus significatifs. En effet, il fait construire les deux tours cavalières et la Chapelle Saint-Hubert, d'architecture gothique, où se trouve aujourd'hui le tombeau de Léonard de Vinci.

Les rois Louis XII, puis François Ier, font également des aménagements de style Renaissance. C'est François Ier qui invite Léonard de Vinci dans la région. Le célèbre artiste italien vivait cependant dans un autre château : le Clos-Lucé.

Clos-Lucé

Le Clos-Lucé est un ancien manoir. Il est acheté par la cour royale en 1490, et sert alors de résidence secondaire.

C'est dans ce petit château que François Ier invite Léonard de Vinci. Le célèbre artiste italien a en effet séjourné dans ce château de 1516 jusqu'à sa mort en 1519. François Ier rendait secrètement visite à l'artiste grâce à un souterrain qui relie le manoir au château d'Amboise.

Le parc abrite aussi des maquettes grandeur nature des principales inventions de Léonard de Vinci.

Azay-le-Rideau

Azay-le-Rideau est l'un des plus célèbres châteaux de la Loire. Il a été construit entre 1514 et 1530, sur une île au milieu de l'Indre, un affluent de la Loire. C'est l'un des chefs-d'œuvre de son époque.

Le château d'Azay-le-Rideau.

Chambord

Construit entre 1519 et 1547 sur un affluent de la Loire (Le Cosson), le château de Chambord se trouve à environ 6 km des rives du fleuve.

C'est Léonard de Vinci, alors architecte royal, qui en a influencé la construction (notamment le fameux escalier à deux hélices), même s'il est mort avant le début des travaux.

Ses 128 mètres de façade, ses 440 pièces, ses 365 cheminées et ses plus de 80 escaliers en font le château le plus grand et le plus connu. Son parc, entouré d'un mur de 32 km, est le plus grand parc forestier clos d'Europe.

Le château de Chambord.

1 Associez chaque phrase à son château.

1 ☐ Amboise   **a** Léonard de Vinci y est enterré.

2 ☐ Chambord   **b** Léonard de Vinci y est mort.

3 ☐ Azay-le-Rideau   **c** C'est le plus grand des châteaux de la Loire.

4 ☐ Clos-Lucé   **d** Il a été construit sur une île.

 PROJET **INTERNET**

Vous voulez en savoir plus sur les châteaux de la Loire ? Tapez « Châteaux Loire » dans un moteur de recherche. Entrez ensuite sur le site des châteaux de la Loire.

▶ Cliquez sur le château de Villandry et complétez le texte suivant. Le château de Villandry est un magnifique .... de la seconde .... française. C'est aussi un lieu chargé d' .... : la paix de Colombier fut signée ici même le 4 .... 1189 (« Colombier » était le nom que l'on donnait à Villandry à cette ....). Il s'agissait d'une .... bien amère pour Henri II Plantagenêt qui dut reconnaître sa défaite face à Philippe Auguste. La .... redevint ainsi .... de France.

▶ Cliquez ensuite sur le château de Chenonceau. Quelles sont les « Dames » qui ont contribué à la construction et à la renommée du château ?

▶ Cliquez maintenant sur la ville de Tours, la capitale de la Touraine, et répondez aux questions.
  • Quels édifices peut-on visiter ?
  • Pour qui est-ce que Tours représente une étape au Moyen Âge ?
  • Combien de tours possède la cathédrale Saint-Gatien ? Que représentent-elles ?
  • Quels artistes ont été influencés par cette cathédrale ?

▶ Cliquez enfin sur « La carte des châteaux ». Quelles sont les deux autres villes importantes que l'on peut visiter le long de la Loire ? Quels sont les affluents de la Loire ?

Vocabulaire

1 Associez le mot ou l'expression à sa signification.

1 ☐ Se mettre en colère.
2 ☐ Le vol.
3 ☐ Le coffre.
4 ☐ C'est la faute de...

a On y range des vêtements ou des pièces d'or.
b Ne pas être content et s'énerver.
c À cause de...
d Peut être d'un oiseau ou d'une banque.

2 Associez ensuite chaque mot ou expression à la photo correspondante.

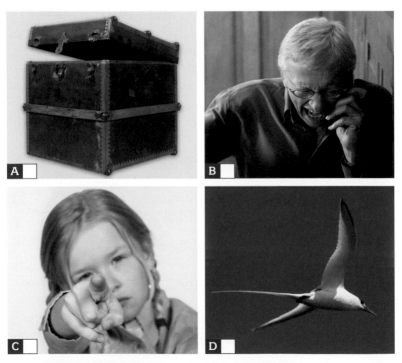

A ☐   B ☐   C ☐   D ☐

CHAPITRE 3

Le sacrifice de la Belle

ous êtes très ingrat [1], dit la bête d'une voix terrifiante. Je vous accueille dans mon château, je vous sauve la vie et vous, vous me volez ce que j'aime le plus au monde : mes roses. Pour réparer votre erreur, il n'y a qu'une solution : mourir !

Le père se met à pleurer :

— Monseigneur, pardonnez-moi ! Vous avez été si généreux. Ne vous mettez pas en colère, j'ai pris cette rose pour une de mes filles.

— Je ne m'appelle pas « monseigneur », mais la Bête. Je déteste les compliments et j'aime la sincérité. Vous avez parlé de vos filles… Je veux bien vous pardonner, mais à une condition : une de vos filles doit mourir à votre place. Si elles refusent, jurez de revenir ici dans trois mois.

---

1. **Ingrat** : qui n'est pas reconnaissant.

La Belle et la Bête

Le père jure de revenir. Il ne veut pas sacrifier ses filles mais désire les voir une dernière fois. Avant de partir, la Bête ajoute :

— Je ne suis pas si cruel. Retournez dans la chambre où vous avez dormi, il y a un grand coffre. Remplissez-le avec ce que vous voulez. Demain, il sera chez vous.

Le père remplit alors le coffre d'une grande quantité d'or. Il récupère ensuite son cheval et quitte le château. Quand il arrive chez lui, il donne la rose à la Belle en pleurant :

— Prends cette rose, la Belle, elle me coûte très cher.

Le père raconte alors toute l'histoire : le vol de la marchandise, le château dans la forêt, la rencontre avec la Bête.

Les deux aînées se mettent en colère :

— Tout ça, c'est la faute de la Belle. Et regardez, elle ne pleure même pas !

— Parce que c'est inutile, répond la Belle. Notre père ne va pas mourir. Je vais aller chez cet horrible monstre à sa place.

— Non, ma sœur, lui disent ses frères. Nous allons aller tous les trois dans son château pour le tuer.

— C'est impossible ! s'exclame le père. La puissance de cette Bête est immense. Je suis vieux, c'est à moi de retourner dans ce palais pour mourir.

Mais la Belle insiste et toute la famille accepte sa décision. Ils sont tous très tristes, sauf Hortense et Rosemonde.

Quand le père va se coucher, il aperçoit devant son lit le coffre plein d'or promis par la Bête.

La Belle et la Bête

Au moment du départ de la Belle, Hortense et Rosemonde se frottent les yeux avec des oignons pour avoir l'air triste. La Belle est très émue de voir ses sœurs pleurer.

« Mes sœurs sont tristes, elles m'aiment bien finalement », pense-t-elle.

Désespéré, le père accompagne sa fille cadette chez la Bête. Une fois arrivés, ils entrent dans le palais et découvrent une table recouverte de nourriture.

« Quelle abondance ! La Bête veut m'engraisser avant de me dévorer », pense la Belle.

Après avoir mangé sans appétit, ils entendent enfin le bruit terrifiant qui annonce l'arrivée de la Bête. La Belle voit son horrible visage et commence à trembler. Son père n'a pas menti : ce monstre est vraiment terrifiant.

— Vous êtes courageuse de venir ici, dit la Bête d'une voix très forte.

— Non, c'est normal, c'est ma faute ! Ah ! Si je n'avais pas demandé cette rose à mon père.

À ces mots, le père se remet à pleurer ; le monstre, énervé, lui dit :

— Vous, partez demain et ne revenez plus jamais ici !

Terrorisé, le père regarde ce monstre qui lui prend sa précieuse fille. La Belle lui dit :

— Papa, il ne faut pas avoir peur. Allons dormir pour nous reposer un peu.

Dans la nuit, la Belle rêve qu'une fée lui annonce : « Tu as un grand cœur, et tu seras récompensée d'avoir sauvé la vie de ton père. »

Compréhension écrite et orale

DELF **1** Écoutez l'enregistrement du chapitre, puis cochez la bonne réponse.

1 La Bête veut que le père répare sa faute...

a ☐ en mourant.

b ☐ en travaillant pour lui.

2 Avant de partir, le père remplit un coffre...

a ☐ de pierres précieuses.

b ☐ d'or.

3 La Belle ne pleure pas parce qu'elle...

a ☐ n'est pas triste.

b ☐ veut mourir à la place de son père.

4 Quand la Belle arrive au palais de la Bête, elle mange...

a ☐ beaucoup car elle a de l'appétit.

b ☐ peu car elle a peur.

5 La Bête demande au père de ne jamais...

a ☐ revenir au palais.

b ☐ montrer sa tristesse.

2 Dites si les affirmations suivantes sont vraies (V) ou fausses (F).

		V	F
1	Le père n'a pas l'intention de revenir dans le palais de la Bête.	☐	☐
2	Les frères de la Belle veulent tuer la Bête.	☐	☐
3	Les sœurs ont du chagrin pour la Belle.	☐	☐
4	Le père a menti, la Bête n'est pas laide.	☐	☐
5	La fée annonce à la Belle une récompense pour avoir sauvé son père.	☐	☐

Enrichissez votre **vocabulaire**

1 Complète la grille de mots croisés à l'aide des définitions.

Horizontalement

1 Elle peut être de bœuf, de cheval ou de porc.
7 C'est un fruit jaune.
8 Jeune coq.
9 On s'en sert pour boire.
10 On s'essuie la bouche avec.

Verticalement

2 Le repas du midi.
3 On le met dans le café ou le chocolat.
4 On en boit quand on a soif.
5 Le repas du soir.
6 Nourriture du cheval.

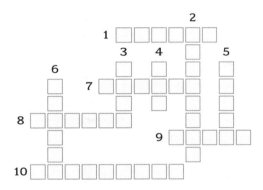

2 Choisissez des aliments dans la liste pour composer trois menus.

fruits	légumes	viande	poisson	croissants
produits laitiers	gâteaux	glaces	jus de fruits	
	eau	chocolat	pain	

- petit-déjeuner : ....
- déjeuner : ....
- dîner : ....

Grammaire

L'impératif

On utilise l'impératif pour donner des ordres, des conseils ou pour exprimer une interdiction.

L'impératif se conjugue à trois personnes seulement : la 2e personne du singulier, la 1ère et la 2e personne du pluriel.

Parle ! Parlons ! Parlez !   *Ne parle pas !*

Prends ! Prenons ! Prenez !   *Ne prenez pas le bus !*

Les pronoms personnels se placent après le verbe à l'impératif affirmatif et sont précédés d'un trait d'union. **Me** et **te** deviennent **moi** et **toi**.

*Écoutez-**nous** ! Parle-**moi** ! Pardonnez-**moi** !*

1 Relevez dans le chapitre, les verbes à l'impératif.

....

....

....

2 Donnez des conseils ou des ordres.

1   À une personne fatiguée (*se reposer*) : ....

2   À un élève (*étudier*) : ....

3   À une personne en retard (*se dépêcher*) : ....

4   À une personne qui a un cours de français (*réviser*) : ....

5   À une personne qui bavarde (*ne pas parler*) : ....

6   À un enfant à table (*manger*) : ....

7   À une personne en voiture (*rouler doucement*) : ....

8   À un ami (*écouter*) : ....

Production écrite et orale

DELF **1** Qu'a mis le père dans le coffre ? Et vous ? Que mettriez-vous dans le coffre ?

2 Savez-vous que les fleurs ont un langage ? Le choix d'une fleur n'est pas insignifiant. Depuis toujours, en formant des bouquets, on envoie des messages : 36 roses orange pour dire que l'on aime passionnément, quelques marguerites pour dire à une fille qu'elle est la plus belle ! Découvrez dans le tableau à quel sentiment correspond votre fleur préférée.

Fleur	Signification	Fleur	Signification
Azalée	Joie d'aimer	Marguerite	Estime, confiance
Bégonia	Cordialité	Mimosa	Sécurité
Bleuet	Timidité	Muguet	Coquetterie discrète
Coquelicot	Ardeur fragile	Myosotis	Souvenir fidèle
Géranium	Sentiments d'amour	Œillet	Ardeur
Glaïeul	Rendez-vous	Orchidée	Ferveur
Iris	Cœur tendre	Rose blanche	Amour qui soupire
Jacinthe	Joie du cœur	Rose rose	Serment d'amour
Jasmin	Amour voluptueux	Rose rouge vif	Amour ardent, signe de beauté
Lilas	Amitié	Tulipe	Déclaration d'amour
Lys	Pureté, majesté	Violette	Amour caché

Quelles fleurs choisissez-vous pour

• faire une déclaration d'amour ?

....

....

• exprimer votre amitié et votre estime ?

....

....

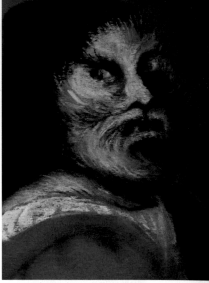

CHAPITRE 4

Une question embarrassante

e lendemain, le père a du mal à se séparer de sa fille. La Belle le rassure. Mais une fois seule, elle est désespérée et se met à pleurer.

En effet, la Belle pense que la Bête va la manger le soir même. Elle se calme ensuite, car elle veut profiter de sa dernière journée.

« Je vais plutôt aller dans le jardin du château pour admirer la nature » se dit-elle.

Elle va alors se promener dans le parc. Elle est émerveillée ! Il y a des fleurs de toutes les couleurs, et chacune a un parfum différent. Après sa promenade, elle décide de visiter le magnifique château. Sur une porte, elle découvre l'inscription : « Chambre de la Belle ».

Elle ouvre la porte, et est éblouie par la beauté de la pièce. Au milieu, il y a un lit recouvert d'un drap en soie. Un miroir au

La Belle et la Bête

cadre doré est posé sur la cheminée. Mais elle remarque surtout la grande bibliothèque et le piano.

« Des livres ! Un piano ! Comme c'est étrange », pense-t-elle, « la Bête ne veut pas que je m'ennuie. Mais alors… elle ne veut peut-être pas me manger tout de suite ! »

Elle choisit un livre sur une étagère. Elle l'ouvre et commence à lire. Soudain, des mots apparaissent sur les pages : « Désirez, puis commandez. Vous êtes ici la reine. »

— Oh, je désire une seule chose : revoir mon père !

Quand elle prononce ces mots, elle voit apparaître son père dans le miroir doré. Il entre dans leur maison, où il est accueilli par Hortense et Rosemonde.

« La Bête est tellement gentille avec moi » pense la Belle. « Est-ce que je dois vraiment avoir peur d'elle ? »

Elle se sent mieux et, à midi, elle mange de bon appétit. Le soir, au moment du dîner, elle entend le bruit qui annonce l'arrivée de la Bête.

— La Belle, je peux te tenir compagnie ? lui dit le monstre.

— Mais, vous êtes le maître ici, répond la Belle.

— Et toi la maîtresse, affirme la Bête. Si je t'ennuie, dis moi simplement de partir. La Belle, je peux te poser une question ?

— Oui, bien sûr.

— Tu me trouves vraiment horrible ?

La Belle ne sait pas quoi répondre. Elle hésite, puis lui dit :

— Eh bien… oui. Je ne sais pas mentir. Mais je crois aussi que vous êtes très gentil.

La Belle et la Bête

— Tu es très honnête. Tu as raison, la Belle, je suis horrible, et peut-être gentil aussi. Mais je suis une bête.

La Bête baisse les yeux.
— Tu es ici chez toi. Surtout ne sois pas triste !
— Comme vous êtes aimable ! Je préfère quelqu'un comme vous, avec un visage affreux, plutôt qu'un homme beau mais sans cœur.

La Belle finit de manger. Parler avec la Bête l'a définitivement rassurée et elle n'a plus peur.
La Bête la regarde, puis lui pose une nouvelle question :
— La Belle, je sais que cela va te sembler étrange mais... veux-tu m'épouser ?
Quelle question ! La Belle est terrorisée, mais elle décide de lui répondre sincèrement.
— Non, la Bête. Je suis désolée, mais je ne veux pas.
Le monstre pousse un cri épouvantable qui fait trembler tout le château.
— Au revoir, la Belle, dit-il en partant.

Compréhension écrite et orale

DELF ❶ Écoutez l'enregistrement du chapitre, puis cochez la bonne réponse.

1 Qu'est-ce que la Belle décide de faire pour sa dernière journée ?

a ☐ Rester dans le château.

b ☐ Pleurer toute la journée.

c ☐ Visiter le parc.

2 Qu'est-ce que découvre la Belle dans le parc ?

a ☐ Des fleurs.

b ☐ Une fontaine magnifique.

c ☐ Des animaux.

3 Qu'est-ce qu'il y a dans la chambre de la Belle ?

a ☐ Une grande bibliothèque et un piano.

b ☐ Une grande bibliothèque et des vêtements.

c ☐ Un piano et une guitare.

4 Que désire la Belle ?

a ☐ Rentrer chez elle.

b ☐ Revoir son père.

c ☐ Manger.

5 Que demande la Bête à la Belle ?

a ☐ Si elle est mariée.

b ☐ Si elle veut l'épouser.

c ☐ Si elle veut partir.

6 Que répond la Belle à la Bête ?

a ☐ Elle accepte de l'épouser.

b ☐ Elle refuse de l'épouser.

c ☐ Elle répond qu'elle doit y réfléchir.

Enrichissez votre **vocabulaire**

1 À l'aide de l'encadré, écrivez les mots qui correspondent aux photos.

une guitare	un violon	une flûte	un piano	une trompette
une batterie	un harmonica	un accordéon	une basse	

1 C'est

2 C'est

3 C'est

4 C'est

5 C'est

6 C'est

7 C'est

8 C'est

9 C'est

Grammaire

Le futur proche

La construction du futur proche se fait avec le verbe **aller** au présent + l'**infinitif**.

Il peut indiquer :

- un événement immédiat (sans complément de temps).
  Il **va arriver**.
- un futur plus ou moins lointain (avec un complément de temps).
  Il **va venir** dans un mois.

1 Complétez les phrases en utilisant un futur proche.

1 Ce soir, je (regarder) .... le match de football à la télé.

2 Après avoir dîné, nous (voir) .... un film au cinéma.

3 Julie et Camille (faire) .... leurs devoirs après la classe.

4 Vous (partir) .... pour la France dans deux semaines.

5 Stéphane (téléphoner) .... à Michel dans dix minutes.

6 Elle (préparer) .... un gâteau pour la fête de samedi.

7 Ce midi, je (manger) .... au restaurant avec Paul et Louise.

8 Demain, nous (aller) .... visiter un musée très connu.

Production écrite et orale

DELF **1** Imaginez que vous avez des pouvoirs magiques comme la Bête. Que faites-vous ?

DELF **2** Vous êtes l'envoyé spécial d'un magazine et vous devez interviewer la Bête. Imaginez l'entretien et écrivez l'article.

CHAPITRE 5

La
promesse

rois mois après, la Belle s'est habituée à sa nouvelle vie dans l'immense château. Elle passe ses journées à lire, à jouer du piano ou à se promener dans le parc. Elle fait des bouquets de fleurs pour décorer toutes les pièces du château. Avec les pétales, elle fabrique aussi du parfum et des huiles. Mais les journées sont très longues et, souvent, elle se sent seule. Heureusement, la Bête lui rend toujours visite à l'heure du dîner.

Ils sont heureux de parler ensemble. Maintenant, la Belle a l'habitude de voir la Bête : elle n'a plus peur de son visage monstrueux. Elle attend même avec impatience le moment de sa visite. Elle regarde souvent l'horloge un peu avant 9 heures. Tous les soirs, la Bête vient la rejoindre, et tous les soirs, la Bête pose la même question avant de repartir :

— La Belle, veux-tu m'épouser ?

La Belle et la Bête

À chaque fois, la Belle répond négativement. Un jour, elle lui dit :

— Vous me faites de la peine, la Bête. Pourquoi me posez-vous tous les soirs cette question ? Je ne veux pas vous épouser et je suis trop sincère pour vous faire croire le contraire. Je serai toujours votre amie, contentez-vous de mon amitié !

— Je n'ai pas le choix, murmure la Bête. Je sais que je suis horrible, mais je t'aime tellement et je suis tellement heureux avec toi. Promets-moi de ne jamais m'abandonner.

La Belle rougit. Elle a vu dans le miroir que son père est très malheureux. Ses sœurs se sont mariées et ses frères sont entrés dans l'armée. Son père est donc seul et il croit que sa cadette est morte, dévorée par la Bête. Il souffre beaucoup. La Belle est triste de voir son père désespéré. Elle voudrait le voir une dernière fois pour le rassurer.

— Je promets de ne pas vous quitter. Mais mon père est malade, et je voudrais tellement le revoir. Pouvez-vous m'accorder ce plaisir ?

— La Belle, je ne veux pas être la cause de ta tristesse, répond la Bête. Tu vas retourner voir ton père, même si je suis triste de te laisser partir.

— Oh, merci, merci ! s'exclame la Belle. Je vous aime trop pour vous rendre triste. Je vous promets de revenir dans huit jours.

— Très bien, tu seras chez ton père demain matin, répond la Bête. Mais souviens-toi de ta promesse. Tu as seulement huit jours. Pour revenir ici, mets cette bague à ton doigt avant de t'endormir. Au revoir, la Belle.

Compréhension écrite et orale

DELF ❶ Écoutez l'enregistrement du chapitre, puis cochez la bonne réponse.

1 La Bête rend visite à la Belle tous les...

a ☐ matins.

b ☐ midis.

c ☐ soirs.

2 Tous les jours, la Bête demande à la Belle si elle veut...

a ☐ dîner avec lui.

b ☐ l'épouser.

c ☐ rentrer chez elle.

3 Depuis que la Belle est partie...

a ☐ ses frères et sœurs se sont mariés.

b ☐ ses frères se sont mariés et ses sœurs sont restées avec leur père.

c ☐ ses sœurs se sont mariées et ses frères sont partis à l'armée.

4 La Belle demande à la Bête de...

a ☐ revoir son père.

b ☐ nouvelles robes.

c ☐ l'épouser.

5 Pour revenir au château, la Belle doit...

a ☐ se regarder dans un miroir.

b ☐ mettre une bague à son doigt.

c ☐ appeler la Bête.

Grammaire

Les pronoms personnels compléments d'objet direct et indirect

Les pronoms personnels complément d'objet direct répondent aux questions **Qui** ? et **Quoi** ?

Les pronoms personnels compléments d'objet indirect répondent à la question **À qui** ?

	1ère pers. sing.	2e pers. sing.	3e pers. sing.
Direct	me [1] *Tu me regardes.*	te [1] *Je te regarde.*	le [1] (m)/la [1] (f) *Je le regarde.*
Indirect	me [1] *Tu me réponds.*	te [1] *Je te réponds.*	lui (m/f) *Je lui réponds.*
	1ère pers. plur.	2e pers. plur.	3e pers. plur.
Direct	nous *Il nous regarde.*	vous *Je vous regarde.*	Les (m/f) *Il les regarde.*
Indirect	nous *Il nous répond.*	vous *Elle vous répond.*	leur *Je leur réponds.*

1 **Me**, **te**, **le** et **la** s'élident devant une voyelle ou un **h** muet. Ils deviennent **m'**, **t'** et **l'**.

1 Complétez les phrases avec un pronom personnel complément d'objet direct ou indirect.

1 Tu as téléphoné à tes parents ? Oui, je .... ai téléphoné.

2 Je ne .... supporte pas. Elle est trop orgueilleuse.

3 Ma grand-mère .... offre toujours des cadeaux.

4 Marie ? Je .... rencontre souvent, mais je ne .... parle jamais !

5 J'achète le journal tous les matins. Je .... lis dans le train.

6 Pierre et Marc sont mes meilleurs amis. Je .... vois tous les jours.

Production écrite et orale

DELF **1** Dites ce que vous voudriez faire pendant vos vacances.

Pour les vacances, j'aimerais ....
Je voudrais ....

DELF **2** Faites six promesses à votre meilleur(e) ami(e).

Je te promets de...

Il était une fois...

Quand les histoires populaires deviennent des chefs-d'œuvre universels...

Les contes de fées proviennent de la tradition orale. On trouve habituellement dans ces histoires des personnages types, tels que l'ogre, la sorcière, la princesse, le prince charmant, la fée et le loup. Le prince charmant est généralement le héros. Souvent, il part de chez lui pour sauver, puis épouser une princesse. L'ogre, lui, a un seul objectif : dévorer le héros. La sorcière et le loup essaient d'empêcher le prince charmant d'atteindre son objectif, et la fée l'aide grâce à ses pouvoirs magiques.

Charles Perrault (1628-1703)

Pour écrire ses contes, Charles Perrault s'inspire des légendes orales et du folklore populaire français. Il remet donc au goût du jour les contes de fées et les transforme en un genre littéraire très apprécié à l'époque. Il publie en 1697 les *Contes de ma mère l'Oye*, un recueil composé de huit contes devenus aujourd'hui très célèbres. Citons par exemple *La Belle au bois dormant*, *Le Chat botté*, *Le Petit Poucet* et *Barbe-Bleue*. Dans ce recueil, il y a aussi deux autres histoires que vous connaissez certainement : *Cendrillon* et *Le Petit Chaperon rouge*.

Cendrillon

Savez-vous que cette histoire remonte à la Chine du IXe siècle ? Aujourd'hui, il existe environ 500 versions de ce conte. Incroyable, non ? Certaines versions racontent que c'est la mère morte de Cendrillon qui l'aide, et non pas les bonnes fées, d'autres parlent

Cendrillon et la pantoufle (XIXe siècle), Richard Redgrave.

d'un anneau et non pas d'une pantoufle en verre. Les deux versions les plus connues sont celles de Charles Perrault (1697) et des frères Grimm (1812).

Le Petit Chaperon rouge

Ce conte provient lui aussi de la tradition orale. Savez-vous que les paysans français racontent déjà cette histoire au XIe siècle ? Il existe de nombreuses versions de cette fable. Dans l'histoire écrite par Perrault, le loup mange la petite fille et la grand-mère ; dans celle des frères Grimm (1857), elles sont sauvées par un bûcheron qui ouvre le ventre du loup. Dans une ancienne version italienne, la *Finta nonna*, la petite fille réussit à vaincre le loup grâce à la ruse !

Le Petit Chaperon rouge, Arthur Rackham.

Qu'est-ce que la morale d'un conte ?

Tous les contes ont une morale. Les auteurs n'écrivent jamais rien au hasard. En effet, tout est construit pour démontrer une vérité. Mais attention ! Souvent, les contes que nous connaissons datent de plusieurs siècles. Leur morale peut donc nous sembler parfois un peu naïve.

Dans *Barbe-Bleue*, la morale dit qu'il vaut mieux ne pas être trop curieux et qu'il faut obéir, dans *La Belle au bois dormant*, que la patience est une grande vertu, dans *Cendrillon*, qu'il faut toujours garder espoir, même si l'on est pauvre ou malheureux…

1 Lisez attentivement le dossier et cochez la bonne réponse.

1 Les personnages types des contes de fées sont...
   a ☐ l'ogre, la sorcière et le loup.
   b ☐ le prince charmant, le chien et la fée.
   c ☐ la princesse, la tortue et la sorcière.

2 Le recueil des *Contes de ma mère l'Oye* de Charles Perrault est composé de...
   a ☐ six
   b ☐ huit   contes.
   c ☐ dix

3 Dans l'histoire de Cendrillon, on parle d'une...
   a ☐ écharpe en laine.
   b ☐ pantoufle en verre.
   c ☐ chaussure en cuir.

4 La deuxième version la plus connue de *Cendrillon* a été écrite par...
   a ☐ les cousins Grimm.
   b ☐ les frères Mimm.
   c ☐ les frères Grimm.

5 Les paysans français racontent déjà l'histoire du *Petit Chaperon rouge* au...
   a ☐ XIe siècle.   b ☐ XIIIe siècle.   c ☐ Xe siècle.

6 La morale de *La Belle au bois dormant* explique que...
   a ☐ la joie est une grande vertu.
   b ☐ la générosité est une grande vertu.
   c ☐ la patience est une grande vertu.

Production écrite

DELF **1** Écrivez vous aussi un petit conte. Choisissez un personnage gentil et un personnage méchant, puis à partir des mots suivants, inventez votre histoire !

fée	ogre	château	jeune fille	prince	dragon	reine
	vieille femme		sortilège	baguette magique		

CHAPITRE **6**

Un plan machiavélique

e lendemain matin, quand la Belle se réveille, elle s'aperçoit tout de suite qu'elle est dans son ancienne chambre. Elle se lève, puis descend dans le salon. Son père la voit et se met à crier :

— La Belle, c'est vraiment toi ? Quel bonheur ! Ma fille est vivante, ma fille est revenue !

La Belle s'approche et le serre dans ses bras.

— Habille-toi vite, et vient me raconter ce qui s'est passé depuis ton départ ! lui dit son père.

Elle va dans sa chambre pour s'habiller, et découvre un coffre rempli de robes merveilleuses.

— Je suis sûre que c'est la Bête qui a envoyé ces vêtements ! Je reconnais sa générosité, dit-elle à son père. Comme elle est gentille ! Elle m'offre toujours des cadeaux.

Elle prend la robe la moins élégante car elle veut offrir les autres à ses sœurs.

La Belle et la Bête

— Je vais donner les plus jolies robes à Rosemonde et Hortense, dit-elle.

Mais le coffre disparaît dès qu'elle prononce ces mots !

— La Bête te regarde, dit le père. Elle n'a pas envoyé ces robes pour tes sœurs. Elle veut que tu les gardes pour toi.

Le père a raison, car le coffre réapparaît à ce moment-là…

Pendant que la Belle s'habille, Rosemonde et Hortense, informées de la venue de leur sœur, arrivent dans la maison. Elles expliquent à la Belle qu'elles sont très malheureuses. La première dit :

— J'ai épousé un homme très beau, mais il passe ses journées à se regarder dans le miroir… et il ne s'occupe pas de moi.

La deuxième continue :

— Mon mari est très intelligent, mais il utilise son intelligence seulement pour énerver les gens !

Les deux sœurs racontent tous leurs malheurs et la Belle essaie de les consoler. Hortense lui demande :

— Mais toi, comment as-tu résisté au monstre ?

— Non, la Bête n'est pas un monstre ! s'exclame la Belle. C'est une personne douce, aimable et très généreuse. Je vis dans son merveilleux château comme une reine, sans travailler. Tous les soirs, la Bête vient me voir pendant le dîner et nous discutons. Il ne veut pas me faire de mal !

À ces mots, les deux sœurs deviennent très jalouses, et elles sortent dans le jardin.

La Belle et la Bête

— Tu as vu la magnifique robe qu'elle porte ? Et comme la Belle est splendide ? On dirait une princesse. Comment est-ce possible ? dit Rosemonde. Pourquoi a-t-elle plus de chance que nous ? Nous méritons d'être heureuses nous aussi !

— Rosemonde, dit la plus âgée, j'ai une idée géniale. Elle a promis à la Bête de revenir avant huit jours. Si elle reste plus longtemps, ce monstre va se mettre en colère et la manger.

— Tu as raison Hortense, répond l'autre avec méchanceté. Trouvons un moyen pour la faire rester plus longtemps. Disons-lui que nous avons besoin d'elle.

Pendant huit jours, les deux sœurs aînées sont donc très douces et très affectueuses. La Belle ne devine pas leur terrible projet. Elle est tellement heureuse de voir que ses sœurs l'acceptent enfin. Le huitième jour, la Belle doit repartir mais ses deux sœurs font semblant d'être malheureuses. Elles pleurent et la supplient de rester. Finalement, la Belle leur promet de rester huit jours de plus.

Compréhension écrite et orale

DELF **1** Écoutez l'enregistrement du chapitre, puis cochez la bonne réponse.

1 Quand est-ce que la Belle arrive dans son ancienne chambre ?
   a ☐ Le jour même.
   b ☐ Le lendemain.
   c ☐ Huit jours après.

2 Que découvre la Belle dans sa chambre ?
   a ☐ Un coffre plein d'or.
   b ☐ Un coffre plein de jolies robes.
   c ☐ Un coffre plein de bijoux.

3 Pourquoi est-ce que le coffre disparaît ?
   a ☐ Parce que la Bête ne veut pas que la Belle donne les robes à ses sœurs.
   b ☐ Parce que la Belle ne trouve pas les robes assez jolies.
   c ☐ Parce que la Bête a changé d'avis.

4 Pourquoi Rosemonde est-elle malheureuse ?
   a ☐ Parce qu'elle n'a pas de mari.
   b ☐ Parce que son mari est très méchant.
   c ☐ Parce que son mari ne s'occupe pas d'elle.

5 Pourquoi les sœurs veulent-elles que la Belle reste plus longtemps ?
   a ☐ Pour profiter de sa présence.
   b ☐ Pour provoquer la colère de la Bête.
   c ☐ Pour faire plaisir à leur père.

DELF **2** Écoutez à nouveau l'enregistrement du chapitre et dites si les affirmations suivantes sont vraies (V) ou fausses (F).

		V	F
1	La Bête a envoyé des robes merveilleuses à la Belle.	☐	☐
2	La Belle donne les plus jolies robes à ses sœurs.	☐	☐
3	Rosemonde et Hortense sont très malheureuses.	☐	☐
4	Les deux sœurs de la Belle sont très jalouses d'elle.	☐	☐
5	La Belle promet de rester encore deux jours.	☐	☐

Enrichissez votre **vocabulaire**

1 Associez chaque vêtement à sa photo, puis complétez les phrases avec la couleur et le prix.

1 un pantalon   **2** une jupe   **3** un tee-shirt

4 un pull   **5** une paire de chaussures   **6** une robe

| A | 60 euros | B | 100 euros | C | 35 euros |

| D | 27 euros | E | 12 euros | F | 120 euros |

1 Le pantalon .... coûte .... euros.

2 La robe .... coûte .... euros.

3 La jupe .... coûte .... euros.

4 Le tee-shirt .... coûte .... euros.

5 La paire de chaussures .... coûte .... euros.

6 Le pull .... coûte .... euros.

Grammaire

Le comparatif de qualité

Le comparatif de qualité s'utilise avec des adjectifs ou des adverbes. Il existe trois degrés de comparaison : la supériorité, l'infériorité et l'égalité.

Supériorité : *plus* + adjectif + *que*   Infériorité : *moins* + adjectif + *que*
Égalité : *aussi* + adjectif + *que*

	plus		plus
Ce pantalon est **moins** cher **que** cette jupe.		Il court **moins** vite que toi.	
	aussi		aussi

1 Complétez les phrases avec un comparatif. Utilisez les images de la page précédente.

1 Le pantalon .... la robe.
2 La paire de chaussures .... la jupe.
3 La jupe .... le pantalon.
4 La robe .... le tee-shirt.
5 Le pull et le tee-shirt .... le pantalon.

Production écrite et orale

DELF **1** À quoi ressemble votre prince (ou votre princesse) charmant(e) ?

DELF **2** Pendant son temps libre, la Belle se promène, lit, joue du piano, fait des bouquets de fleurs... Et vous, que faites-vous ? Faites des phrases en utilisant *j'aime/j'aime bien/j'aime beaucoup/je déteste.*

- Jouer de la musique ;
- Travailler ;
- Étudier ;
- Regarder la télévision ;
- S'amuser avec ses amis ;

- Faire du sport ;
- Aller à la piscine ;
- Dessiner ou peindre ;
- Danser ;
- Lire.

Si vous voulez, vous pouvez ajouter d'autres activités !

CHAPITRE 7

L'agonie de la Bête

a Bête va être très triste de ne pas me voir revenir » pense la Belle. « Mais je ne l'abandonne pas, je veux seulement rester encore un peu avec ma famille. »

Pourtant, la Belle a de la peine : la Bête lui manque, et elle sait qu'elle lui fait du mal.

La Belle est chez son père depuis dix jours. Une nuit, elle rêve qu'elle est dans le jardin du château. Au loin, elle voit la Bête, allongée dans l'herbe. Elle s'approche d'elle et se rend compte qu'elle est en train de mourir.

— Tu n'as pas tenu ta promesse, la Belle, murmure la Bête. Je t'ai attendue jusqu'au huitième jour. Ensuite, j'ai arrêté de boire et de manger. Je suis en train de mourir.

La Belle se réveille et comprend alors que la Bête est en train de mourir de tristesse.

— Pourquoi suis-je méchante avec la Bête ? Elle est tellement généreuse avec moi ! Ce n'est pas sa faute si elle est

La Belle et la Bête

laide [1]. Elle est gentille et c'est la chose la plus importante !

La Belle met alors à son doigt la bague donnée par la Bête et se couche.

— Pourquoi ne pas épouser la Bête ? Je suis heureuse avec elle. La beauté et l'intelligence ne rendent pas les personnes heureuses. Il faut aussi de la bonté, de la gentillesse et de la générosité. Et la Bête a toutes ces qualités ! Je ne dois pas la rendre malheureuse.

Elle s'endort en pensant à la Bête, un sourire sur les lèvres.

Le lendemain matin, elle se réveille au château. Pour faire plaisir à la Bête, elle met sa plus belle robe. Toute la journée, elle attend avec impatience l'heure du dîner. À neuf heures, l'horloge sonne enfin, mais la Bête n'arrive pas.

Que se passe-t-il ? Où est la Bête ? Elle se met à la chercher partout, crie son nom, ouvre les portes du château... malheureusement, toutes les pièces sont vides !

Elle est désespérée, quand soudain... elle se rappelle de son rêve. Elle traverse le jardin et court vers la rivière. Là, étendue par terre, elle trouve enfin la Bête. Elle croit qu'elle est morte et la serre dans ses bras sans être dégoûtée par son visage.

— Son cœur bat encore... elle est vivante !!!

Elle verse un peu d'eau sur le visage de la Bête, qui ouvre les yeux et lui dit péniblement :

— Tu as oublié ta promesse, la Belle... je suis en train de mourir. Mais je meurs content car j'ai le plaisir de te voir une dernière fois.

— Non la Bête ! Je vous en prie, ne vous laissez pas mourir ! supplie la Belle. Vous devez vivre pour devenir mon mari ! J'accepte votre proposition. Je comprends maintenant que je vous aime. Je ne peux pas vivre sans vous !

1. **Laid** : qui n'est pas beau, horrible.

Compréhension écrite et orale

DELF **1** Écoutez à nouveau l'enregistrement du chapitre et dites si les affirmations suivantes sont vraies (V) ou fausses (F).

		V	F
1	La Belle n'est pas triste à l'idée de laisser la Bête seule.	☐	☐
2	La Belle ne tient pas sa promesse à cause de son père.	☐	☐
3	La Belle rêve que la Bête meurt.	☐	☐
4	De retour au château, elle met sa plus belle robe.	☐	☐
5	La Bête n'a plus rien mangé, ni bu depuis plusieurs jours.	☐	☐
6	La Bête n'est pas contente de revoir la Belle.	☐	☐
7	La Bête est en train de mourir de tristesse.	☐	☐
8	La Belle veut épouser la Bête.	☐	☐

Enrichissez votre vocabulaire

1 Associez les mots suivants à chaque partie du corps et du visage.

A **a** les bras **b** les jambes **c** le ventre **d** les pieds **e** les mains

B **a** l'œil/les yeux   **b** la bouche   **c** les dents   **d** le nez   **e** l'oreille
     f les joues   **g** le front   **h** le menton   **i** les cheveux

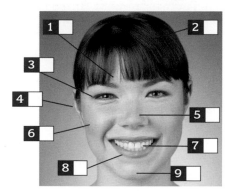

Grammaire

Le présent continu

Le présent continu indique une action en cours. Il se construit de la manière suivante : verbe *être* + *en train de* + infinitif.

Je suis en train de travailler.   *Nous sommes en train de préparer une fête.*

1 **Transformez les phrases suivantes en utilisant le présent continu.**

1 Elle mange un morceau de gâteau.

   ....

2 Mon frère regarde un film à la télé.

   ....

3 Marie et Nicolas racontent une histoire à leur fille.

   ....

4 Tu lis un roman policier.

   ....

5 J'étudie le français.

   ....

La formation des adjectifs à partir des noms

Pour former un nom à partir d'un adjectif, il suffit d'ajouter les suffixes suivants :   -té   beau   → la beauté,
                  -esse   tendre   → la tendresse,
                  -eur   doux   → la douceur, etc.

2 Relisez attentivement le chapitre et complétez comme dans l'exemple.

Il est beau. → ~~La beauté~~................

1 Il est intelligent. → ....
2 Il est bon. → ....
3 Il est gentil. → ....

3 Complétez les phrases suivantes avec un adjectif ou un nom.

1 Il est .... La méchanceté.
2 Il est jaloux. La ....
3 Il est .... La générosité.
4 Il est .... La laideur.

Production écrite et orale

DELF **1** Savez-vous que les rêves aussi ont une signification ? Complétez les phrases comme dans l'exemple.

Si l'on rêve de nager, cela veut dire que ~~l'on est capable de se~~ ....
~~débrouiller tout seul~~ .

1 Si l'on rêve de mourir, cela veut dire que ....
....

2 Si l'on rêve d'un serpent menaçant, cela veut dire que ....
....

3 Si l'on rêve de perdre de l'argent, cela veut dire que ....
....

4 Si l'on rêve d'une colombe qui s'envole, cela veut dire que ....
....

5 Si l'on rêve d'un trésor, cela veut dire que ....
....

6 Si l'on rêve d'un cheval au galop, cela veut dire que ....
....

DELF **2** Les rêves prémonitoires sont des rêves qui se réalisent. Vous y croyez ? Racontez un de vos rêves.

La Belle et la Bête
au cinéma

L'histoire de la Belle et la Bête a beaucoup inspiré le monde du spectacle, et de nombreuses adaptations ont ainsi été réalisées. Le film de Jean Cocteau et le dessin animé de Walt Disney sont sans aucun doute les versions les plus connues.

Une scène du film **La Belle et la Bête** (1946) de Jean Cocteau.

Le film

Sorti en salle juste après la Seconde Guerre mondiale, en 1946, le film de Jean Cocteau a connu un grand succès auprès du public, malgré les difficultés rencontrées lors du tournage : problèmes pour trouver la pellicule, restriction de l'électricité, pannes de courant fréquentes... En outre, la séance de maquillage de Jean Marais - le célèbre acteur français qui a joué la Bête - durait chaque matin près de cinq heures : trois heures pour le visage recouvert de poils, et deux heures pour les mains !

Le dessin animé

C'est l'un des chefs-d'œuvre de Walt Disney, il a même été nommé aux Oscars dans la catégorie « Meilleur film » en 1992 ! Lisez le résumé : vous découvrirez que la version de Disney est un peu différente de la version traditionnelle.

Un jeune prince vit dans un somptueux château. Il ne lui manque rien, mais c'est un prince capricieux, égoïste et insensible.

Un soir d'hiver, une vieille mendiante arrive au château. Elle lui propose une rose, son seul bien, en échange d'une nuit au chaud. Le prince rit et se moque de cette pauvre malheureuse à l'aspect tellement repoussant. Elle essaie de lui faire comprendre qu'il ne faut pas se fier aux apparences et que la vraie beauté est dans le cœur.

La deuxième fois que la mendiante se présente, le prince la repousse encore. Alors, elle se métamorphose en une magnifique fée et elle le transforme en une bête hideuse pour le punir. Pour briser la malédiction, le prince doit aimer et se faire aimer avant son vingtième anniversaire. Honteux de lui, il se cache alors dans les caves de son château (lui aussi touché par la malédiction), jusqu'au jour où...

Une scène du film **La Belle et la Bête** (1991) dans la version de Walt Disney.

1 Lisez attentivement le dossier et répondez aux questions.

1   Dans le film, combien de temps faut-il pour maquiller l'acteur qui joue le rôle de la Bête ? Comment s'appelle cet acteur ?

   ....

2   Comment s'appelle le réalisateur du film ?

   ....

3   Quand est-ce que le film a été tourné, et quelles difficultés a rencontrées le réalisateur ?

   ....

2 Lisez attentivement le résumé du dessin animé et dites si les affirmations suivantes sont vraies (V) ou fausses (F).

		V	F
1	Le prince est une personne très sensible.	☐	☐
2	Une vielle mendiante arrive au château un soir d'été.	☐	☐
3	La mendiante veut échanger une rose contre une nuit au chaud.	☐	☐
4	Le prince accepte la proposition de la mendiante.	☐	☐
5	La mendiante se présente deux fois au château.	☐	☐
6	La mendiante est en réalité une fée.	☐	☐

CHAPITRE 8
La fin du sortilège

ès qu'elle prononce ces mots, tout le château s'illumine, milles bougies éclairent le parc, et des feux d'artifices explosent dans le ciel. La Belle est émerveillée par ce spectacle. Elle regarde le château, puis se retourne vers la Bête.

Quelle surprise ! La Bête a disparu ! À sa place, il y a un très beau jeune homme qui lui dit :

— Merci d'avoir mis fin au sortilège.

— Mais où est la Bête ? demande la Belle.

— Mais c'est moi la Bête, répond le prince.

— Je ne comprends pas, dit la Belle très surprise. Qui êtes-vous ?

— Je suis le prince de ce royaume. Une méchante fée m'a transformé en bête, mais ton amour m'a délivré.

Le prince se met à genoux devant la Belle et lui prend la main.

— C'est la dernière fois que je te le demande, la Belle : veux-tu m'épouser ? »

Confuse, la Belle rougit, accepte et donne sa main au prince.

La Belle et la Bête

Ils se dirigent alors vers le château. La Belle pousse la porte de la grande salle, et entend des voix qu'elle connaît. Elle s'exclame :

— Mon père ! Mes sœurs ! Et mes frères aussi ! Comme je suis contente !

Soudain, elle voit la fée de son rêve. Elle lui demande :

— Vous connaissez donc toute l'histoire ?

— Bien sûr, la Belle, lui répond la fée. Grâce à ton grand cœur et à ta sincérité, tu vas avoir ce que tu mérites : tu vas épouser le prince et devenir une grande princesse !

La fée se retourne ensuite vers les deux sœurs de la Belle :

— Vous, vous êtes méchantes et jalouses. Vous allez être punies !

Elle lève alors le bras et prononce une formule magique. Les deux sœurs, terrorisées, veulent s'échapper, mais la fée dirige rapidement sa baguette magique sur elles.

— Oh ! Mais qu'est-ce que vous avez fait, bonne fée ? Rosemonde et Hortense sont devenues des statues, s'exclame la Belle.

— Tes sœurs ont un cœur de pierre, la Belle. Elles ne peuvent plus bouger, mais peuvent tout voir et tout entendre. Pour redevenir humaines, elles doivent reconnaître leurs erreurs.

Le lendemain, la Belle et le prince se marient. Tout le monde est heureux. Partout, on danse, on chante, on joue de la musique. Les gens lancent des pétales de fleurs sur les jeunes mariés.

Le prince regarde la Belle et voit quelques larmes sur son très beau visage.

— Ne pleure pas, la Belle. Maintenant, nous allons rester ensemble et être heureux toute notre vie !

Compréhension écrite et orale

DELF **1** Lisez attentivement le chapitre et cochez la bonne réponse..

1 La Bête a disparu. Pourquoi ?
 a ☐ Parce qu'elle est morte.
 b ☐ Parce qu'elle s'est transformée en beau jeune homme.
 c ☐ Parce qu'elle est partie.

2 Qui est vraiment la Bête ?
 a ☐ Un seigneur.
 b ☐ Un prince.
 c ☐ Un roi.

3 Qui a transformé le prince en Bête ?
 a ☐ Un magicien.
 b ☐ Une méchante fée.
 c ☐ Un sorcier.

4 Que fait la fée avec les sœurs de la Belle ?
 a ☐ Elle les transforme en animal.
 b ☐ Elle les fait disparaître.
 c ☐ Elle les transforme en statue.

5 Que lancent les gens sur la Belle et le prince lors de leur mariage ?
 a ☐ Des confettis.
 b ☐ Du riz.
 c ☐ Des pétales de fleurs.

DELF **2** Écoutez l'enregistrement du chapitre et dites si les affirmations suivantes sont vraies (V) ou fausses (F).

	V	F
1 La Bête est en réalité le prince du royaume.	☐	☐
2 La Belle ne reconnaît pas les voix qu'elle entend dans le château.	☐	☐
3 La fée dit à la Belle qu'elle va devenir une grande reine.	☐	☐
4 Les sœurs de la Belle sont punies car elles sont méchantes et jalouses.	☐	☐
5 Le prince et la Belle se marient un mois plus tard.	☐	☐

Enrichissez votre **vocabulaire**

1 « Avoir un cœur de pierre », signifie « être dur et méchant ». Associez les expressions à leur définition.

1 ☐ Il n'y a pas un chat.   a   Être paresseux.

2 ☐ Tomber dans les pommes.   b   Ne pas venir à un rendez-vous.

3 ☐ Poser un lapin.   c   S'évanouir.

4 ☐ Donner sa langue au chat.   d   Avoir froid ou peur.

5 ☐ Avoir un poil dans la main.   e   Il n'y a personne.

6 ☐ Avoir la chair de poule.   f   Ne pas savoir la réponse à une question et vouloir la connaître.

2 La noblesse
Retrouvez dans la grille les mots suivants. Attention, il y a deux intrus !

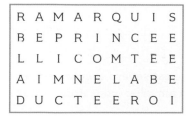

prince	reine	paysan	duc	comte
	marchand	marquis	roi	

```
R A M A R Q U I S
B E P R I N C E E
L L I C O M T E E
A I M N E L A B E
D U C T E E R O I
```

Avec les lettres qui restent, vous pouvez composer une phrase. Laquelle ?

La ....

77

Grammaire

Les verbes *connaître* et *reconnaître*

Les verbes **connaître** et **reconnaître** appartiennent au 3e groupe.

Je (re)connais	*Nous (re)connaissons*
Tu (re)connais	*Vous (re)connaissez*
Il/Elle (re)connaît	*Ils/Elles (re)connaissent*

1 Complétez les phrases avec le verbe *connaître* ou *reconnaître* selon le sens.

1 Moi, je .... l'italien et le français, et toi ?

2 Jules et Marguerite ne .... pas le fils d'Henri.

3 Catherine et moi, nous .... par cœur la chanson d'Alizée.

4 Vous ne .... pas la maison de votre enfance ?

5 Je voudrais bien .... l'amie de Sophie.

6 Malheureusement, Louise ne .... jamais ses torts.

7 Tu ne me .... pas ? C'est vrai que j'ai beaucoup grandi !

Production écrite et orale

DELF **1** Est-ce que la fée est sévère avec les sœurs de la Belle ?
Quelle punition aimeriez-vous donner aux sœurs de la Belle ?

DELF **2** Connaissez-vous un tour de magie ? Faites-le en français à vos camarades !

1 Remettez dans l'ordre les phrases et écrivez le résumé de l'histoire.

a ☐ Un matin, le père reçoit une lettre : il doit retourner en ville pour récupérer sa marchandise. Malheureusement, quand il arrive au port, tout a disparu. Sur le chemin de retour, il se perd dans une forêt et se réfugie dans un grand château. Le lendemain, il cueille une rose dans le jardin. À ce moment-là, une bête horrible apparaît.

b ☐ Elles font en sorte que la Belle reste plus de huit jours. Un soir, la Belle fait un rêve. Elle comprend que la Bête est en danger.

c ☐ Quand la Belle arrive chez son père, ses sœurs se précipitent à la maison. Jalouses de la Belle, elles décident de lui tendre un piège.

d ☐ Cette Bête lui dit qu'il doit mourir pour avoir cueilli cette fleur, ou bien sacrifier une de ses filles. La Belle accepte d'aller au château à la place de son père.

e ☐ Toute la famille de la Belle doit quitter la ville et déménager à la campagne. Ses frères travaillent dans les champs, la Belle se lève très tôt et ses sœurs ne font rien.

f ☐ Un soir, la Belle demande si elle peut revoir son père. La Bête accepte et lui donne huit jours.

g ☐ Le prince explique qu'une fée l'avait transformé en Bête et que seul l'amour et la bonté d'une femme pouvaient le sauver. La Belle et le prince se marient.

h ☐ La Belle vit avec son père et ses frères et sœurs dans une grande ville près de la mer. C'est une famille très riche. Mais un jour, le père perd sa fortune.

i ☐ La Bête traite la Belle comme une princesse. Tous les soirs avant de partir, la Bête lui demande si elle veut l'épouser. La Belle refuse toujours.

j ☐ Le lendemain matin, la Belle se réveille dans le château. Elle cherche la Bête partout. Elle repense alors à son rêve et le trouve au bord de l'eau. La Belle lui dit alors qu'elle l'aime et qu'elle veut l'épouser. La Bête se transforme en prince.

2 **Répondez aux questions.**

1 Pourquoi la famille de la Belle doit quitter la ville pour aller vivre à la campagne ?

....

2 Selon vous, pourquoi les sœurs de la Belle sont-elles jalouses ?

....

3 Pourquoi la Belle accepte-t-elle d'aller au château à la place de son père ?

....

4 Que fait la Belle au château ?

....

5 Combien de temps la Belle peut-elle rester chez son père ?

....

6 Quel est le piège qu'Hortense et Rosemonde tendent à la Belle ?

....

3 **Complète la grille de mots croisés à l'aide des définitions.**

Horizontalement

4 Synonyme de *faute*.

6 Verbe utilisé pour former le futur proche.

7 Autre nom pour indiquer les animaux.

Verticalement

1 Le père les a tous perdus.

2 Prénom de l'une des sœurs de la Belle.

3 Les frères de la Belle y travaillent.

5 La Belle en porte de très jolies.

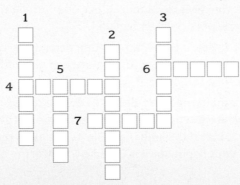